AF391056

Étude de **Me SANONER**, Commissaire-Priseur

à Paris, y demeurant, 4, Square Labruyère

VENTE AUX ENCHÈRES PUBLIQUES

DE

MINIATURES ANCIENNES

PETITS

CADRES ANCIENS SCULPTÉS

Boîtes et Bonbonnières

JEUX DE CARTES ANCIENS

ÉVENTAILS, DESSINS

TABLEAUX MILITAIRES

DONT LA VENTE AURA LIEU

HOTEL DROUOT — SALLE N° 4

Le Lundi 18 Décembre 1899

A 2 HEURES 1/2 PRÉCISES

Me SANONER	**M. E. GANDOUIN**
COMMISSAIRE-PRISEUR	EXPERT
4, Square Labruyère, 4	40, Avenue Wagram, 40

Chez lesquels se distribue le présent Catalogue

EXPOSITION PUBLIQUE

LE DIMANCHE 17 DÉCEMBRE 1899

DE 1 HEURE 1/2 A 5 HEURES 1/2

CONDITIONS DE LA VENTE

Elle aura lieu au comptant.

Les acquéreurs paieront *cinq pour cent* en sus des prix d'adjudication.

L'exposition mettant le public à même de se rendre compte de l'état et de la nature des objets, il ne sera reçu aucune réclamation une fois l'adjudication prononcée.

DÉSIGNATION

TABLEAUX ET OBJETS DIVERS

LE BRUN
(Mme L. Vigée)

1 — *Portrait du comte de Vries.*

Forme ovale. Signé. Cadre doré.

OPIE
(Attribué a)

2 — *Portrait de jeune femme.*

Cadre ovale sculpté.

ÉCOLE FRANÇAISE
Commencement du XIXe siècle

— *Portrait d'homme vu en buste, costume de dragon.*

Crayon noir et crayon de couleur.

ÉCOLE FRANÇAISE

(COMMENCEMENT DU XIXe SIÈCLE)

4 — *Jeune Indienne assise.*

Tableau peint dans la manière de RIOULT.

ÉCOLE FRANÇAISE

(XVIIIe SIÈCLE)

5 — *Buste en terre cuite.*

MINIATURES ANCIENNES

AUGUSTIN

(FILS)

6 — *Portrait d'enfant.*

Miniature sur ivoire. Signée.

BOZE

(FANNY)

7 — *Bacchante.*

Miniature sur carte.

DEMARNE

(JEAN-LOUIS)

8 — *Départ pour le Marché.*

Fixé sous verre.

FONTALLARD

9 — *Portrait de femme.*

Miniature sur carte. Signée.

GUÉRIN

(JEAN)

10 — *Portrait du baron Regnault.*

Miniature sur carte.

GUÉRIN

(JEAN)

11 — *Portrait de Pernet, acteur.*

Miniature sur carte.

HUGUES

(CHARLES)

12 — *Baigneuse.*

Sur bois, petite peinture à l'huile. Signée.

LAMBERT

13 — *Portrait de Femme.*

Miniature sur ivoire. Signée LAMBERT *fecit* 1793.

LE BRUN

(ÉPOQUE LOUIS XVI)

14 — *Portrait de la marquise de Pange, née de Valicourt.*

Miniature sur ivoire. Signée.

LEPRINCE
(Charles)

15 — *Vue dans un parc.*

Kiosque dans un jardin.

Deux précieux petits dessins. Signés. Datés 1809.

LINETT

16 — *Portrait de femme.*

Miniature sur carte.

PREVOST

17 — *Portrait d'homme.*

Miniature sur ivoire.

ROCHARD
(Simon)

18 — *Portrait d'homme.*

Miniature sur ivoire.

SAINTE FOY CORDELLE

19 — *Portrait d'un capitaine d'artillerie.*

Miniature sur ivoire. Signée. Datée 1801.

SAVIGNAC
(Lioux de)

20 — *Port de mer, Fête champêtre.*

Deux miniatures fixées sous verre, montées sur une boîte.

ÉCOLE FRANÇAISE
(XVIᵉ SIÈCLE)

21 — *Deux Feuilles de Missel.*
> Ornées de miniatures à la gouache.

ÉCOLE FRANÇAISE
(XVIIIᵉ SIÈCLE)

22 — *Portrait d'un militaire, habit bleu à revers jaunes.*

ÉCOLE FRANÇAISE
(ÉPOQUE EMPIRE)

23 — *Nid d'amour.*

24 — *Nid d'amitié.*
> Deux miniatures sur carte.

ÉCOLE ERANÇAISE
(ÉPOQUE LOUIS XVI)

25 — *Portrait de Dame représentée en vestale.*
> Miniature sur ivoire.

ÉCOLE FRANÇAISE
(ÉPOQUE DIRECTOIRE)

26 — *Portrait d'homme.*
> Miniature fixée sous verre.

ÉCOLE FRANÇAISE
(Époque louis xvi)

27 — *Portrait d'homme, habit bleu.*

Miniature sur ivoire.

ÉCOLE FRANÇAISE
(Époque Louis xvi)

28 — *Portrait d'homme, habit rayé.*

Miniature sur ivoire.

ÉCOLE FRANÇAISE
(Époque 1816)

29 — *Portrait d'homme, habit bleu.*

Miniature carrée sur ivoire.

ÉCOLE FRANÇAISE
(Époque Directoire)

30 — *Portrait de femme.*

Miniature sur ivoire.

ÉCOLE FRANÇAISE
(Époque Directoire)

31 — *Portrait d'homme, habit gris.*

Miniature sur ivoire.

ÉCOLE FRANÇAISE
(Époque Louis xvi)

32 — *Portrait d'homme, habit rayé.*

Miniature sur ivoire.

ÉCOLE FRANÇAISE
(Époque Louis xvi)

33 — *Portrait d'enfant coiffé d'un chapeau.*

Miniature sur ivoire.

ÉCOLE FRANÇAISE
(Époque Empire)

34 — *Portrait de femme.*

Miniature sur ivoire.

ÉCOLE FRANÇAISE
(Époque Louis xvi)

35 — *Portrait d'homme en habit brun, décoré de Saint-Louis.*

Miniature sur ivoire.

ÉCOLE FRANÇAISE

36 — *Portrait de femme.*

Miniature en buste. Forme carrée sur ivoire.

ÉCOLE FRANÇAISE
(Époque du Directoire)

37 — *Portrait d'homme en habit bleu.*

Miniature sur ivoire.

ÉCOLE FRANÇAISE
(Époque Louis xvi)

38 — *Portrait d'homme en habit gris.*

Miniature sur ivoire.

ÉCOLE FRANÇAISE
(xixe siècle)

39 — *Portrait de femme.*

Miniature sur carte.

ÉCOLE ANGLAISE
(xixe siècle)

40 — *Portrait de jeune garçon.*

Miniature sur ivoire.

ÉCOLE FRANÇAISE
(Époque de 1816)

41 *Portrait de femme brune.*

Miniature sur ivoire.

ECOLE FRANÇAISE
(Époque Empire)

42 — *Portrait de femme, costume rouge.*

ÉCOLE FRANÇAISE
(Epoque de la Restauration)

43 — *Portrait d'officier.*

Miniature sur ivoire.

ECOLE FRANÇAISE

44 — *Louis XVIII à Neuilly.*

Peinture sous verre.

ÉCOLE FRANÇAISE
(Époque Louis XVI)

45 — *Portrait d'officier, costume bleu.*

Miniature sur ivoire. Beau cadre du temps en bronze ciselé doré.

ÉCOLE FRANÇAISE
(XVIIe siècle)

46 — *Portrait du cardinal Mazarin.*

Miniature sur velin.

ÉCOLE FRANÇAISE

(Époque Louis XVI)

47 — *La Déclaration.*

Peinture à sujets mécaniques, montée sur une boîte piquée d'or.

ÉCOLE FRANÇAISE

(Époque Louis XVI)

48 — *Portrait d'enfant.*

Miniature sur ivoire, boîte écaille.

ÉCOLE FRANÇAISE

(Époque Louis XV)

49 — *Revue de l'armée royale.*

Fixé sous verre.

ÉCOLE FRANÇAISE

(Époque du XVIᵉ siècle)

50 — *Le Miracle de Saint-Gervais.*

L'Annonciation.

Miniatures provenant de missels.

ÉCOLE FRANÇAISE

(Époque Louis XVI)

51 — *Portrait d'homme, habit bleu.*

Miniature sur ivoire.

ÉCOLE FRANÇAISE

(ÉPOQUE LOUIS XVI)

52 — *Portrait de femme.*

Miniature sur ivoire.

ÉCOLE FRANÇAISE

(ÉPOQUE LOUIS XVI)

53 — *Relais de chasse.*

Peinture sur émail, montée sur une boîte en ivoire de l'époque.

ÉCOLE FRANÇAISE

(ÉPOQUE LOUIS XVI)

54 — *Portrait d'homme, habit rouge.*

ÉCOLE RUSSE

(XVIIIe SIÈCLE)

55 — *La Vierge et l'Enfant.*

Peinture sous broderie d'argent, paillettes et paillons.

ÉCOLE FRANÇAISE

(COMMENCEMENT DU XIXe SIÈCLE)

56 — *Portrait de Bernardin de Saint-Pierre.*

Miniature sur carte.

INCONNU

(Époque de 1815)

57 — *La Dame des belles cousines.*

Superbe et importante miniature sur ivoire.

VARENNE

(Dorothée de)

58 — *Orphée et Eurydice.*

Très grande miniature sur velin.

59 — Sous ce numéro, diverses miniatures anciennes.

BOITES ET BONBONNIÈRES
ANCIENNES

60 — XVIIIe SIÈCLE. Petit coffret en cuir avec verres peints, dorés, gravés.

Un fracturé.

61 — XVIIIe SIÈCLE. Aumônière en velours rouge, brodée en argent doré, ornée de fleurs de lys.

62 — XVIIIe SIÈCLE. Boîte forme coquille avec plaques en lapis, monture en argent.

63 — XVIIIe SIÈCLE. Boîte ronde avec attributs en perles et filigranes.

64 — XVIIIe SIÈCLE. Boîte ronde piquée d'or, imitation d'écaille.

65 — XVIIIe SIÈCLE. Boîte ronde, poudre d'écaille avec bas-relief ivoire, sculpté, ajouré, représensentant Marat, Le Pelletier de Saint-Fargeau et Chalier.

66 — XVIIIe SIÈCLE. Petite bonbonnière formant panier. Travail en pailles de couleurs.

67 — XVIIIe SIÈCLE. Clef de chambellan en bronze doré à motifs rocaille.

68 — XVIIIe SIÈCLE. Diverses étiquettes à vin en cuivre émaillé.

ÈMAIL DE SAXE

69 — XVIIIe SIÈCLE. Boîte camaïeu rose : *Amours.*

70 — XVIIIe SIÈCLE. Boîte à mouches, deux compartiments, sujets polychrome, genre WATTEAU.

71 — XVIIIᵉ SIÈCLE. Autre ovale à sujets WATTEAU.
Réparée.

71 *bis* — XVIIIᵉ SIÈCLE. Autre fond orange à reliefs fleurs, ornements polychromes.

72 — XVIIIᵉ SIÈCLE. Cuivre ciselé, doré, boîte ovale gravée et guilloché.

73 — XVIIIᵉ SIÈCLE. Boîte ovale simulant des coquilles, poudre d'écaille marbrée.

74 — XVIIIᵉ SIÈCLE. Boîte ovale agate rubanée, monture bronze doré.

75 — XVIIIᵉ SIÈCLE. Clef de chambellan, bronze doré armes des LATOUR et TAXIS.

76 — Demi-boîte imprimée avec omnibus et places des correspondances.

77 — ÉPOQUE EMPIRE. Peigne de dame, cuivre doré, orné de topazes.

78 — ÉPOQUE EMPIRE. Peigne de dame orné de perles de corail.

79 — XVIIIᵉ SIÈCLE. Divers étuis en galuchat.

8o — XVIIIe SIÈCLE. Tabatière ronde, poudre d'écaille rouge : *Ascension de Charles et Robert aux Tuileries*..

ÉVENTAILS ANCIENS

81 — ÉPOQUE LOUIS XIV. Six feuilles d'éventails imprimées, sujets allégoriques par N. LOIR.

82 — Ire RÉPUBLIQUE. Éventail à assignats et pièces de monnaies.

> Coloris du temps.

83 — Ire RÉPUBLIQUE. Éventail à assignats.

> Coloris du temps.

84 — ÉPOQUE LOUIS XVI. Éventail représentant l'ouverture des États en 1787.

> Coloris ancien.

85 — ÉPOQUE LOUIS XVI. Éventail avec scènes diverses, pastorales et danses, chansons.

> Coloris ancien.

86 — Ire RÉPUBLIQUE. Feuille d'éventail imprimée au bistre représentant des Sans-Culottes poursuivant des religieuses.

87 — Époque Louis xiv. Feuille d'éventail représentant une scène de comédiens italiens.

> Gouache.

88 — Époque Louis xvi. Éventail démonté encadré :
Bal champêtre

> Nombreuses figures peintes à la gouache.

89 — Époque Louis xvi. Éventail avec scènes pastorales.

> Peintes à la gouache sur vélin.

90 — Époque Louis xvi. Sous ce numéro, divers éventails anciens.

MILITAIRES ET SCÈNES
HISTORIQUES

91 — Sous ce numéro, environ vingt-cinq portraits militaires anciens.

> Tableaux, pastels et autres.

92 — Sous ce numéro, environ vingt-cinq dessins anciens, scènes militaires, costumes, etc.
Lots de livres relatifs à l'armée.

93 — xviiie Siècle. Jeu de cartes persannes.

> pièces laquées.

JEUX ANCIENS

94 — Sous ce numéro, environ trente jeux de cartes anciens, tarots et autres à sujets historiques et révolutionnaires.

95 — Jeux anciens divers.

96 — Sous ce numéro, cadres anciens sculptés dorés et autres cadres de miniatures.

97 — Sous ce numéro les objets omis.

www.ingramcontent.com/pod-product-compliance
Lightning Source LLC
LaVergne TN
LVHW020850200726
843508LV00003B/1135